AF263589

UNE PENSÉE

A

NOTRE-DAME-DU-CHÊNE

DE BAR-SUR-SEINE.

Extrait d'une œuvre inédite de Lascasas,

PUBLIÉ

PAR M. DOUSSOT

Libraire-Editeur.

BAR-SUR-SEINE

Chez **M. DOUSSOT**, Libraire-Editeur, Grande-Rue, n° 37,

ET CHEZ TOUS LES LIBRAIRES

des départements de l'Aube et de l'Yonne.

1862

Radicavi in populo honorificato et in parte Dei mei hereditas illius.

J'ai plongé mes racines au sein d'un peuple honoré, et dans les réserves de mon Dieu se trouvera son héritage.

(Eccl. XXIV, 16.)

UNE PENSÉE

A

NOTRE-DAME-DU-CHÊNE

DE BAR-SUR-SEINE.

I.

L'hommage de l'écrit dont je viens de donner l'esquisse, vous doit être fait plus qu'à tout autre. Dans notre dernière période d'histoire moderne, tourmentée comme une mer labourée par le vent, vous vous êtes fait remarquer par une stabilité calme, mais solide, dans les traditions doctrinales, qui, avant d'être celles de mon héros (1), constituèrent le *Credo* de tous les vrais catholiques.

(1) Il s'agit ici d'une biographie réparatrice d'un grand évêque du diocèse de Troyes.

(Note de l'Editeur.)

Quand la liturgie de saint Grégoire, de saint Pie V et du concile de Trente est revenue, après un siècle d'ostracisme, reprendre possession de nos églises, elle vous a trouvé dans l'honneur d'une virile fidélité. Quand on a voulu faire avec elle des compromis ; quand on a voulu mêler à l'or de son intégrité l'alliage de formules réprouvées par les règles, vous vous y êtes opposé. Vous aviez en cette fermeté à maintenir la pureté de nos rites sacrés, un coup-d'œil et un esprit de prévision qui doivent faire envie aujourd'hui à plus d'un maître en Israël.

Pour vous, briser le vase, c'était exposer le parfum, et changer le vêtement de la prière, c'était exposer le dogme. Retranché dans votre droit, vous disiez aux tortueuses entreprises de la nouveauté : On ne passe pas ! *Non prœteribis amplius.*

Si, sauver la liturgie des entreprises systématiques, c'était mettre à couvert le dogme de la grâce, celui de la vraie prédestination, celui de la miséricorde et de la rédemption, sans compter l'honneur de l'eucharistie avec les prérogatives de l'Eglise, c'était aussi préserver l'auréole de Marie des témérités qui tendent à en diminuer l'éclat. Le gracieux culte de la Mère de Jésus n'avait pas son danger seulement dans les nouveautés liturgiques, mais encore dans la fatale extinction de ses pèlerinages. Or, voici que les théologiens, les artistes et tous les pieux fidèles de vos contrées bourguignonnes se sont comme donné rendez-vous dans le soin de garder la poétique popularité de Notre-Dame-du-Chêne.

Frais sanctuaire, douce chapelle, après les luttes de

la vie active, comme on aime aller se reposer dans la
paix de tes murailles odorantes. Là ruisselle le miracle ;
là s'évapore sans cesse l'encens de la prière ; là, plus
qu'ailleurs, Dieu rend authentique et plus sensible sa
présence. De la Madone noire que l'on contemple, on
sent s'échapper une vertu qui se glisse jusque dans les
derniers replis du cœur pour adoucir l'affliction, créer
le bon désir, affermir la généreuse résolution, former des
élans sublimes, faire jaillir des larmes délicieuses,
provoquer des dévouements héroïques. La vertu que
Dieu a mise en ce lieu ne pénètre pas l'âme seulement :
le corps en proie au mal a trouvé plus d'une fois une
introuvable guérison aux pieds de l'autel de Notre-
Dame.

Quand on sort du virginal édifice, l'esprit ne laisse pas
aux yeux le temps de causer avec les chênes, avec les
heureux oiseaux qui gardent la fontaine ; non : mais
comme d'un coup de baguette, l'imagination fait jaillir
du rocher l'ombre des millions de pèlerins qui l'ont foulé
de leurs pieds guidés par la dévotion, inondé de leurs
sueurs méritoires, embaumé de leurs vœux les plus in-
times ! Dans la foule inclinée sur la mousse et dans les
ronces, l'âme voit passer vos comtes et vos comtesses de
Bar-sur-Seine : on croit les entendre demander à la pa-
tronne de ces lieux une dernière bénédiction pour leurs
armes ; et ce sont les Milon, et les Gauthier, et les Clé-
rembault de Chappes, et les Alix de Chassenay, qui, la
croix rouge sur l'épaule, le bourdon à la main, demandent à Notre-Dame le pouvoir de délivrer, à Jérusalem,
le sépulcre de son Fils, et d'arracher à l'esclavage ses

serviteurs (1). Comtes et comtesses de Bar se fondent dans l'or de la couronne de France ; moines militaires d'Avalleur s'évanouissent sur le bûcher de Jacques Molay. Mais la dévotion à Notre-Dame est plus forte que toutes révolutions qui se font autour d'elle ; elle ne plie ni sous l'invasion des Anglais, au xive siècle, ni sous les arguments des réformés, au xvie. Le scepticisme de la dernière époque, la sensuelle indifférence du temps présent, ne lui font pas lâcher prise : la dévotion à Notre-Dame-du-Chêne a la solidité du rocher qui lui sert de piédestal, comme elle a la grâce des fleurs qui croissent à l'entour.

Vous le dirai-je? Ma pensée a créé là plus d'un roman grave et religieux. Il en est un que je vous laisserai d'autant moins ignorer, qu'il a quelque affinité avec vos pensées les plus sérieuses. Vous verrez après s'il est digne de monter à l'état d'histoire contemporaine.

(1) L'auteur ne parle pas ici de la chapelle telle qu'elle est : il avait appris dans notre Almanach de 1859, qu'elle ne remonte qu'au xviie siècle ; mais les raisons qui motivèrent sa construction, font remonter jusqu'au xiiie siècle la popularité de Notre-Dame. Cette popularité, contemporaine des Croisades, dut être préparée antérieurement par bien des voyages dévotieux sur notre rocher, ce qui la fait se perdre dans le lointain du passé, et fait supposer à quelques-uns que des druides convertis ont consacré eux-mêmes à la Mère de Dieu leur chêne préféré de Bar-sur-Seine. (Voyez Almanach de Bar-sur-Seine, année 1859, et l'Histoire de la même ville, par L. Coutant.)

(*Note de l'Éditeur.*)

II.

Quel homme, si peu soucieux qu'il soit des intérêts de la vérité catholique, ne consacre pas chaque jour au moins quelques minutes à l'examen de ses chances? Si ce chrétien soucieux pèse les ressources actuelles de la bonne doctrine, il les voit bien minimes, bien mauvaises; à peine se console-t-il un peu en songeant que la vérité a de l'éternité dans les veines; que pour aller à l'empire des esprits, elle a des chemins secrets creusés par Dieu; que ses harmonies avec le bon côté de notre nature ne sauraient se perdre jamais. Si des chances de la vérité abstraite, l'homme méditatif passe à l'état de la société chrétienne, quelle conspiration hostile ne voit-il pas dans tel enseignement, dans tel fait gros d'évènements, dans les coutumes de bas lieu, dans les exemples de haut étage, dans l'abaissement de l'autorité, dans l'ignorance des masses? En vérité, si l'on ne faisait un peu de compte sur la grâce de Dieu et les retours souvent soudains du bon sens, ce serait à dire, *jam fœtet!* il sent mauvais, ce cadavre. Si, de la vérité abstraite, des coutumes et des mœurs publiques, notre songeur passe à la situation de l'Eglise, n'a-t-il point à redouter qu'elle ne tombe en tutelle, et que la persécution ne vienne une centième fois ensanglanter sa robe, scinder sa communion, diviser son trône? Sans doute l'Eglise a dans la poitrine l'immortalité de l'Esprit saint qui la vivifie, mais cet Esprit ne pourrait-il pas la prendre, comme jadis un prophète, par un des cheveux de sa tête, et la transplanter avec ses vivres divins dans une fosse aux lions, de peuplades barbares? O Fénélon! continue à souhaiter que l'Eglise ne s'exile pas de ta patrie!

On ne me reprochera pas d'avoir assombri le tableau. Le triste caractère de la réalité porte assez bien avec elle l'avertissement, sans qu'on ait besoin de prendre le porte-voix de l'exagération.

Au reste, les luttes du bien et du mal, du vice et de la vertu ne datent pas d'aujourd'hui. Entre le gnosticisme ancien et le communisme moderne, bien des lances ont été rompues entre Dieu et l'homme, entre le dogme et la négation, entre le rationalisme et la foi, entre le harem et le cloître. Je ne veux pas me demander si les situations historiques avaient le degré de gravité que présente la situation actuelle; je borne la question à ceci : Comment, dans leurs grandes crises, la vérité, la société chrétienne, l'Eglise étaient-elles sauvées des dangers qui les enlaçaient?

De plusieurs façons, voici la plus commune et la principale : Tantôt à la veille, tantôt au fort des périls de la religion, quelques bons solitaires, touchés d'une grâce

de prédestination, se retiraient dans une broussaille éloi-
gnée, dans la fente d'un rocher, loin des bruits du siècle,
en un mot. Rivés à la solitude par l'esprit qui les animait,
ils traînaient vigoureusement leur vie dans le dénûment
de toutes choses; ils gagnaient en commerce avec le ciel
ce qu'ils perdaient en commerce avec la terre; les facul-
tés mentales, fortifiées aux dépens des sens mis sous le
cilice, s'élevaient en eux à ce degré qui ne fait pas songer
qu'aux prophètes, mais à l'esprit pur, broyant la matière
à son gré et lui commandant des évolutions à sa fantaisie.
Ces solitaires devenaient à la fois des types de vrais chrétiens, des docteurs indiscutables, des apôtres insoumis à
la lassitude, des faiseurs de miracles capables de subir
tous les défis. Le quart-d'heure de Dieu arrivé, ces
hommes descendaient de leur solitude sauvage, ils se
faisaient bénir et accepter par leurs pasteurs légitimes,
ils se mêlaient aux multitudes, ils parlaient, et leur parole, imprégnée de l'Esprit qu'ils avaient aspiré, mon-
trait son pouvoir dans des conversions qui stupéfient par
leur nombre et leurs circonstances. Ces hommes transfor-
més s'appelaient Antoine de Kolsim, Basile de Cappa-
doce, Augustin d'Hippone, Eusèbe de Verceil, Benoît de
Subiaco, Hilaire de Lérins, Colomban de Luxeuil, Boni-
face de Mayence, Dominique de Gusman, François d'Assise, Bernard de Clairvaux, Robert de Molesme, Ignace
de Loyola, Pierre de Bérulle, et j'en passe de bons.
comme Norbert de Prémontré, Muart de la Pierre-qui-
Vire, et tant d'autres.

Chose digne de remarque, les apôtres les plus féconds
en grandes œuvres ne furent pas toujours ceux dont l'in-

nocence baptismale n'avait reçu aucune déchirure au contact du monde. Nos Démosthènes chrétiens avaient la plupart expérimenté toutes les misères de leur siècle. Loin que cette épreuve les ait rendus impropres à leur vocation, elle les y avait au contraire préparés; ils en avaient retiré une forte humilité, plus la science des âmes la plus exquise. Blessés au cœur de la plaie du repentir, ils donnaient à leur parole le secours d'une grande compassion. Ils puisaient dans ce que le bienheureux Jourdain de Saxe appelait l'*amour douloureux*, une puissance de *fiat lux* à l'abri de tout obstacle.

La conclusion de la dernière page est celle-ci : l'Eglise ne peut pas se passer de saints. La conclusion de la page qui précède est corrélative à la dernière : l'Eglise peut moins que jamais se passer de saints.

Mais ces saints indispensables, où les prendrons-nous? La vie monastique est le principal milieu dans lequel se forment les saints, surtout les saints apôtres. Les prophètes prenaient l'esprit de Dieu dans les cellules du Carmel; les Apôtres le reçurent dans le monastère du Cénacle. Le théologien qui résume tous les docteurs de l'Eglise, saint Thomas d'Aquin, nous apprend que l'entrée en religion suffit à la satisfaction de tous les péchés, que même elle excède tout genre de satisfaction. Il a lu avec ravissement dans les vies des Pères, que l'émission des vœux religieux opère sur l'âme le même effet de purification que le baptême. Ce que la profession religieuse a si bien commencé dans l'âme du chrétien, comme puissance de charité parfaite, s'achève dans les trois phases de la vie purgative, contemplative et unitive. La gym-

nastique de cette vie d'ascète est une tendance, un vol,
une natation perpétuelle vers la perfection, qui est Dieu.
Après ce résumé de saint Thomas, je m'abstiens de citer
les mille autres témoignages des autres docteurs de l'E-
glise, j'aurais trop de fleurs à cueillir (1). Je me contente de prendre dans la *Vera Sposa* de saint Liguori, un
trait de statistique qui fait contre-fort à la théorie du
prince des théologiens. « Au siècle passé, dit le saint
évêque italien, sur soixante personnes placées par l'E-
glise dans le catalogue des saints ou des bienheureux, il
n'y en a pas plus de cinq ou six qui n'aient vécu dans
l'état religieux » (2). Cette puissance de sanctification
inhérente à la vie monastique, n'a pas pour elle seulement les faits, l'histoire et l'expérience, elle a les lu-
mières de la raison agenouillée devant Dieu. Qu'est-ce
qu'un saint ? L'homme le plus rempli de l'esprit de Dieu.
Qu'est-ce qui arrête le plus en nous l'effusion de l'esprit
de Dieu ? Les trois concupiscences. Qu'y a-t-il de plus
opposé aux trois concupiscences ? Les trois vœux de religion. Donc, l'état monastique est le plus propre à donner des saints.

Puisque la sainteté est nécessaire à l'Eglise ; puisque
cette nécessité s'agrandit avec les périls, constituons
donc, me disait ma pensée, — d'ailleurs peu responsa-
ble — constituons donc un milieu dans lequel se forment
le mieux les saints. On ne peut mieux choisir que les

---

(1) Div. Thom. Aq., 22 quest. ult. a 3 ad 3. et alibi : surtout
l'apologie des ordres mendiants contre Guillaume de Saint-Amour
et Nicolas de Bar-sur-Aube.

(2) La Vera Sposa, cap. 11.

vieux débris claustraux de notre territoire, qui tous, à des époques plus ou moins éloignées, ont donné des hommes puissants en parole et en action. Sous l'obsession de cette pensée, et pour obéir à ses exigences, j'ai étudié Clairvaux : mais Clairvaux est pris par les voleurs ; j'ai étudié Montier-la-Celle : mais les industriels ont à peine laissé quelques traces des défricheurs de Saint-Frobert ; à peine un pêcher aux fruits cramoisis laisse-t-il soupçonner ce que des Bénédictins savaient créer dans un marais ; j'ai vu l'abbaye de Sellières : il n'y reste plus qu'un plâtre de Voltaire ; les restes de Théodoric ne sont pas plus à Saint-Georges-en-Gaonnay, que ceux d'Héloïse et d'Abailard ne sont au Paraclet. Nicolas, le secrétaire de saint Bernard, ne s'essaie plus au style de son abbé sous les cloîtres de Montiéramey. Bassefontaine n'a plus qu'un souvenir, celui de Napoléon, qui, écolier à Brienne, faillit noyer dans l'Aube ses victoires et sa couronne (1). Abbayes de Morres et de la Gloire-Dieu, vous n'êtes plus. La justice de Dieu a déchaîné la convoitise sur ces demeures du pauvre devenues des boudoirs charmants ; elles sont comme Tyr et Sidon, prosternées dans la poussière et dans les eaux, et le voyageur, en passant, siffle au galop de son cheval, pour chasser les apparitions de moines qui importunent sa route. Non, non, disait ma pensée, là n'est point mon *hic habitabo*. Ces lieux respectables, d'ailleurs, sentent trop le soufre de la vengeance divine et le salpêtre de l'envie populaire. Les bluets, les coquelicots mêlés aux épis du fer-

(1) Mém. de Bourienne.

mier, mettent entre ces ruines et moi un abîme qui ne souffre aucun pont. Si je veux des moines, je les veux emporter dans les plis de ma robe sur un rocher bien désert, à l'abri des mauvais souvenirs, dans un lieu chéri du peuple, embaumé des faveurs divines et de la présence de la vierge Marie. En me parlant ainsi, ma pensée me désignait Notre-Dame-du-Chêne, et je la fixai sur son rocher. Cette pensée, fanatique peut-être, mais sérieuse, en tout cas, que le lecteur la laisse bâtir et donner des cellules à ses moines autour de la garenne des comtes, absolument commes les Pères du désert se donnaient des laures dans la sèche étendue de la Thébaïde. Cette licence purement mentale est sans aucun préjudice pour le droit terrien. Est-ce que l'univers a dit un mot de blâme à l'endroit de Fénélon quand il a mis la république de son idéal dans l'île de Salente? On l'a laissé en paix construire son chef-d'œuvre, et le cadastre de ce temps-là n'en a pas eu plus de tourment. Il en sera de même pour les petites architectures de ma pensée, elles ne coûteront ni soucis, ni frais de mutations. Est-ce à dire pour cela que les préoccupations de ma pensée soient sans importance? Oh! non, son idée principale est majeure : le salut de la vérité, de la société chrétienne, de l'Eglise, par la création d'un milieu propre à la sainteté. La création de ce milieu sacré est appelée par des têtes graves, par la Bourgogne qui redemande sa foi, par le sanctuaire qui revendique des vocations, par l'antique pèlerinage qui trouve que nos prochaines voitures de fer vont aussi bien à des pèlerins qu'à des balles de coton ou à de la pierre de Serilly. Gourmets et marchands de comestibles sont de mon avis, n'est-il pas vrai, partisans du commerce?

Quand ma pensée a bâti ses cellules, son centre, son milieu apostolique, j'interviens et je demande sous quelle garde elle met le cher fruit de son amour. Une mère n'est jamais embarrassée quand sa bouche doit répondre à son cœur. Je donne, répond-elle, à mon centre apostolique cinq anges gardiens, qui, non-seulement garderont intacte sa jeune existence, mais la feront arriver à l'état d'une considérable grandeur. Le premier s'appelle la pauvreté, le second a nom l'obéissance, le troisième est la chasteté, le quatrième, moins connu, sera baptisé sous le vocable monastique de stabilité, le cinquième, qui domine les autres et les dirige, c'est la règle ou constitution. Pauvreté, obéissance, chasteté, c'est le contre-pied des concupiscences originelles qui ont animalisé l'homme et ont mis entre lui et les communications de la divinité des obstacles terribles. Pauvreté, obéissance et chasteté rétablissent entre Dieu et l'homme les rapports d'inspiration, de lumière et d'amour tollis en Adam par la concupiscence des yeux, la concupiscence de la chair et l'orgueil de la vie. Pauvreté, obéissance, chasteté sont les trois traits principaux de la vie de Jésus-Christ, et l'apôtre doit être la copie de Jésus-Christ pauvre, obéissant et vierge. C'est dans ces trois vertus surnaturelles que Jésus-Christ et son Eglise ont puisé leur puissance, leur empire sur les âmes. L'apôtre lui-même ne pourra se faire une magistrature dans la cité des intelligences et des cœurs, qu'autant qu'il aura dit à l'or : tu ne m'éblouiras pas; à l'orgueil : tu ne m'empêcheras pas de m'abaisser ; à la chasteté : toi seule es ma fiancée. Les trois vœux de pauvreté, d'obéissance et de chasteté font de l'homme un être tellement configuré au Christ, que, comme lui, ses plaies attirent au mystère du sacrifice toute la terre. *Quando exaltatus fuero a terrâ, omnia ad me traham.* J'ajoute aux trois vœux de mes religieux, le vœu de stabilité, pour les prémunir contre la lassitude ou l'appétit des belles places. Saint Benoît, averti par saint Jérôme, l'a mis dans sa règle contre les moines *gyrovagues,* et saint Liguori l'a renouvelé pour ses Rédemptoristes, sous le nom de vœu de persévérance. Mais j'aurais fait un mince ouvrage, si je n'avais mis mes moines et leurs quatre vœux sous la sauvegarde d'une règle ou constitution. Les vœux s'observent dans une étendue plus ou moins grande : abandonnés à la casuistique de l'individu, leur pratique ou marchera vers le puritanisme orgueilleux, ou tombera dans le relâchement voisin de la fadeur et de l'inutilité. Voyez plutôt les Oratoriens, dont Bossuet avait dit trop tôt, que chez eux une sainte liberté faisait un saint engagement. Quand M. de Genoude voulut leur rendre une existence canonique, Grégoire XVI lui objecta que seize de leurs derniers membres avaient siégé à la Convention. Il faut une règle ; la ferons-nous ? la choisirons-nous ? laquelle prendrons-nous ? notre règle, nous ne la ferons pas ; il y en a de faites qui valent mieux que toutes nos élucubrations ; de plus, Rome ne paraît pas vouloir donner sa sanction à d'autres règlements monastiques. Ces règlements ou constitutions d'ordres religieux sont hors de tout nombre, et c'est la règle de saint Antoine, et c'est celle de saint

Pacôme, et c'est celle de saint Bazile, et c'est celle de saint Augustin, et c'est celle de saint Benoît, et c'est celle de saint Colomban, et c'est celle de saint Bruno, et c'est celle de saint Dominique, et c'est celle de saint François d'Assise, et c'est celle de saint Ignace de Loyola, sans compter tant d'autres. Dans ce synode de règles, laquelle choisirons-nous? A parler sans détours, je vote pour celle de saint Augustin, et parce qu'elle a pour elle l'aveu de l'Eglise, et parce qu'elle émane d'un saint pénitent, docteur et apôtre, et parce qu'elle a conduit dans la voie de la perfection une multitude d'ordres, et parce qu'elle a droit de cité dans la zône où nous vivons. Les écoles de Saint-Loup et de Saint-Martin-ès-Aires, les religieux du Val-des-Ecoliers de Notre-Dame-en-l'Ile, les chapitres de Saint-Pierre, Saint-Etienne et Saint-Urbain, les hospitalières de l'hôtel Dieu-le-Comte, celles de Bar-sur-Aube, sans compter tant d'autres, ont vécu de la belle règle qui régla elle-même les beaux jardins de Thagaste. Si je la considère en elle-même, elle possède tous les éléments de la bonne constitution d'une société : l'amour de Dieu et du prochain sont formellement l'esprit qui la domine ; le principe d'autorité divine s'y incarne dans un maître qui revêt la physionomie d'un père ; la pratique des trois vœux s'y trouve entourée de conseils et de précautions qui résument l'Ecriture, le cœur humain et les vieux codes de la Thébaïde ; l'économie domestique a sa place aussi dans cette législation religieuse. Une sanction de sévérités très-humaines assure à la règle de saint Augustin le respect et la fidélité ponctuelle de ses disciples. Ouverte, plus que toute autre constitution, à la nécessité des commentaires, elle se prête à tous les services, à tous les besoins des époques et des circonstances. Une préférence de quatorze siècles préconise sa sagesse; et l'amour de ces contrées pour l'harmonie du nom de saint Augustin, lui assurerait une nouvelle jeunesse de popularité en ces lieux. La pensée qui fait choix de la règle tout-à-l'heure analysée, revendique encore trois dons précieux au bénéfice de son ordre apostolique. Elle veut un noviciat préalable à toute fonction publique, et elle ne s'inquiète pas de mettre ici sa nécessité sous l'égide d'aucune preuve : cette nécessité se prouve d'elle-même comme le soleil, ou, si l'on aime mieux, par la vie des camps précédée par la vie de caserne, comme le sacerdoce de la magistrature préparé par le stage. La pensée qui veut le noviciat veut aussi la vie claustrale : sans une barrière entre vous et le monde, imaginez donc la concentration de l'esprit en Dieu par la prière et l'étude! Impossible. A côté de son édifice, la pensée appelle un puissant contrefort dans la création d'un tiers-ordre qui ferait ses recrues dans tous les rangs de la société, et lui donnerait à l'extérieur le rayonnement et la solidité de l'intérieur.

Supposons que mon roman se soit élevé à la dignité d'histoire contemporaine, n'entendrions-nous pas mille voix d'âmes lui appliquer ces magnifiques adverbes du grand abbé de Clairvaux : « N'est-ce pas là l'institut au sein duquel le chrétien vit plus purement, succombe plus rarement, se relève plus promptement, s'avance plus discrètement, reçoit la rosée divine plus fréquemment, prend répit plus paisiblement, meurt plus tranquillement, fait son purgatoire plus hâtivement, se prépare à être récompensé plus abondamment » (1). Mais ne nous préoccupons pas des solennelles sympathies des grandes âmes, voyons seulement Marie mieux honorée sur son rocher et mieux disposée à l'intercession en faveur de nos contrées de la Sarce, de la Seine, de l'Ource et de la Laignes. Par elle, la lumière de la vérité brille de nouveau dans les esprits, la règle du bien reprend empire dans le tumultueux domaine des volontés ; l'amoureuse disposition au sacrifice se fait de nouveau jour dans les cœurs. Tandis que les saines croyances se restaurent, que les mœurs prennent un nouveau degré de dignité, la protection d'en haut devient plus clémente à l'endroit du sol même de la patrie ; Dieu, désarmé par sa Mère et nos meilleures dispositions, a moins de fléaux à lancer contre les fruits de nos sueurs et de nos héritages ; son indispensable concours dans la fermentation de la terre, donne aux épis des champs plus de sécurité avec plus d'abondance, et le grand distillateur des sèves de ce monde sait pressurer dans nos calices des grappes moins profanées par les inclémences du ciel. Ces derniers avantages sont minimes, si l'on veut, mais ils sont certains. En voici d'autres. Nos missionnaires descendent de la montagne pleins de l'esprit divin qui se puise dans la retraite ; à leur voix l'erreur fait place à la foi, le préjugé fuit devant la raison, l'instinct cède à l'ascendant de la vertu, la vie souillée se lave dans les larmes, le péché meurt dans la contrition, l'innocence se prémunit, la vertu se

____

(1) Div. Bern. De bono relig.

dispose à des actes plus grands. L'apaisement qui se fait dans les âmes se fait dans les familles et leur rend la couronne patriarcale des anciens jours. La société chancelante gagne en solidité ce que les prédicateurs gagnent en conversions. Vous les avez vus descendre de leur rocher, ces prédicateurs nouveaux, ils n'y remontent pas seuls ; mais les chars de la vapeur ont amené derrière eux des multitudes jusqu'ici inconnues. Je ne m'arrête point à constater les espoirs que le commerce peut fonder sur l'escarcelle des pèlerins, je me contente d'étudier leurs physionomies et de deviner leurs dispositions. Tous ont en vue d'honorer Notre-Dame-du-Chêne, au 25 mars de sa fête, mais chacun a ses désirs particuliers. Cet homme au front soucieux, qui préfère aux bruits des masses le paisible chuchottement des bouleaux et des sapins, vient achever aux pieds de Notre-Dame sa conversion commencée par un mot inachevé. Cette jeune personne recueillie à la balustrade de l'autel, pèse dans sa tête les désirs dont la prépondérance fera la vocation. Peut-être ces jeunes novices de la vie vous paraissent-ils apporter dans la piété de leur voyage une légèreté qu'ils eussent dû oublier à la porte de leur village ; mais laissez-les chanter et puis toucher après le feuillage flétri du chêne miraculeux, et vous verrez ces charmants étourdis se ranger à la sévérité de vos doctrines ecclésiastiques, et ils deviendront vos prêtres les plus contagieux par leur ferveur. J'allais esquisser l'éclopé et la désolée, mais déjà la Vierge leur a donné, en retour de leur vœu, à l'un la liberté de ses membres, à l'autre la liberté de son âme. O Toute-Puissante du puissant promontoire de Bar, prenez dans les plis de votre manteau toutes ces misères suppliantes, et faites pour elles un miracle de consolation !

Très-cher, il est fait, mon roman, ou plutôt celui de ma pensée ; un acte de bonne contrition eût peut-être valu mieux que tout ce tissu de l'imaginative ; mais enfin je le répute comme austérité nécessaire, et j'ai hâte de le dégager des filets de l'argumentation.

III.

J'ai entendu beaucoup de discours, j'ai lu beaucoup
de livres contraires à l'état monastique ; le tout se résume
à peu près ainsi : Votre monachisme, si apostolique qu'il
soit, est une sottise que le droit de la nature a enterré ;
le sol que vous choississez comme théâtre de sa résurrec-
tion est un lieu sans éclat. Par le temps qui court, un
personnel de moines-apôtres est introuvable dans nos
contrées. Ce personnel, supposé trouvable, a-t-il des
chances de longévité dans la sympathie des populations
ou dans celles de la loi ?

Il faut bien que cet état monastique, contre lequel on
affecte tant de hauteur, ne soit pas si contraire à la nature
humaine qu'on veut bien le dire, puisqu'il a pour lui la
perpétuité et l'universalité. Que l'esprit suive la trame
de la religion, des patriarches de la Chaldée aux prophètes du Carmel, des Récabites aux Esséniens et aux
Thérapeutes, il trouve dans l'Ancien-Testament le premier crayon de la vie monastique, comme il y trouve le

christianisme en germe. De Jésus-Christ à nos jours, le monastère n'a cessé d'apparaître sous le nom de cénacle, de désert, de laure, de cellule, de cloître, de mense abbatiale, avec des succès plus ou moins contestés, mais avec un cortège d'œuvres utiles dont nul ne serait bien venu à nier l'existence. La perpétuité constatée, l'universalité du monachisme saute aux yeux ; vous le rencontrez dans toutes les religions qui se partagent la vaste cité des intelligences : Rome avait ses vestales, Athènes ses pythies, la Gaule ses druidesses ; l'Orient païen avait, il a encore ses fakirs, ses fellahs, ses imans, ses derviches. Quand toutes les religions les plus opposées dans leurs principes et leurs conséquences pratiques s'accordent, en dépit de leurs antipathies, sur un point déterminé, il faut bien que ce point déterminé ne soit pas trop en désaccord avec la nature. Or, la vie méditative et contenue du monastère est de toutes les religions. Philosophe, tirez la conséquence. C'est qu'en effet, partout il y a des âmes que Dieu s'est réservées, comme en tout domaine il s'est marqué une part qui constate sa souveraineté. Dans le domaine du temps, il s'est réservé le dimanche et des fêtes ; dans le domaine des tribus hébraïques, il s'était réservé des cités et des montagnes ; sous le christianisme, il marque de signes indubitables certains lieux, comme devant aller à son culte et à l'épanchement de ses grâces. Dieu, le maître de la nature, s'est réservé dans le champ de blé et dans l'étendue de la vigne, une miette de pain, une gouttelette de vin destinées au perpétuel miracle de l'eucharistie. On n'ôtera pas, j'imagine, au Créateur le droit de dire à ses enfants : « Ceci pour vous, mais ceci pour moi ! » Or, les âmes réservées à Dieu comme son domaine, à quel signe les reconnaît-on? Elles ont en haine les exigences des sens; leur esprit, captivé par l'amour du beau et de l'excellent, ne trouve pas en ce monde son objet, il aspire de sphère en sphère à la vision de Dieu. Peu unies à la vie par le côté sensuel de leur être, outre un mouvement de perpétuelle ascension vers Dieu, ces âmes ont un irrésistible mouvement d'expansion vers leurs semblables ; elles sont toujours prêtes à se donner pour le service d'autrui ; Dieu les a faites héroïnes de la bonne solidarité chrétienne. Comprimez leurs instincts et détruisez leur cloître, comme l'hirondelle voyageuse, elles reviendront sous votre toit le printemps prochain, chantant le même hymne de leur amour et recommençant la même architecture. Ah ! ceux qui disent : « Le monachisme est condamné par la nature, » ne connaissent donc pas plus l'humanité que l'histoire ; on est moine dévoué malgré soi, par une impulsion irrésistible, comme les céréales des champs, les glands des forêts deviennent épis et chênes par l'irrésistible force de la germination.

Qu'on ne vienne plus, après cela, me dire : « Mais cette vie-là, la vie monastique, c'est un véritable enfer. » Ceux qui tiennent ce langage exagéré, qu'ils en conviennent, ils ne connaissent ni l'enfer, ni le régime des ordres religieux. L'ordre le plus sévère n'est pas plus exigeant dans ses privations, que le fermier de la Beauce et de la Champagne : ni l'un ni l'autre n'auront la poule au pot. On vit bien sans cela, surtout quand on a comme compensation la paix de l'âme et l'amour de Dieu. Ils appellent enfer la vie claustrale! Eh! non, l'enfer est autour, mais le paradis est au cloître. Pourtant, un grand maître de la vie spirituelle, César de Bus, leur fait une concession. Il écrivait un jour à un de ses amis : « Quand tu vois ton monastère, souviens-toi du purgatoire. » Que le cloître soit pris sous ce dernier aspect, n'a-t-il pas déjà mille droits aux préférences de l'âme chrétienne?

L'objection est de sa nature tortueuse et multicolore. Après avoir pris les grands airs de la philosophie pour confondre mon roman dans sa base; elle se fait une mine paterne pour le dégoûter de son sol préféré. « Qu'est-ce que Notre-Dame-du-Chêne, dit-elle, pour aspirer à l'honneur d'abriter des apôtres? *Quid boni a Nazareth?* Elle n'a ni l'éclat, ni le retentissement de Notre-Dame de Fourvières, de Notre-Dame du Laus, de Notre-Dame de Chartres, de Notre-Dame-de-la-Garde, etc., etc. Soit. Son obscurité n'en est que plus propre à la vie d'étude et de mortification. Je conteste l'obscurité du pèlerinage préféré par ma pensée. Paris lui-même vient, par de nombreux représentants, aspirer la sève de ses grâces. Le pèlerinage de ma pensée a un avenir certain dans l'éclair humanisé de la vapeur, et cet avenir aurait le dernier ressort de son éclat, si des moines-apôtres cultivaient la petite chapelle qui nous occupe. Le département de la Sarthe a, lui aussi, comme le département de l'Aube, une Notre-Dame-du-Chêne inconnue au loin, mais grande déjà maintenant par les soins de son dernier évêque. « Il » a, nous dit le mandement qui parle de sa mort, il a » élevé à côté du sanctuaire de Marie, un édifice habité

» aujourd'hui par de pieux missionnaires, qui, non-seu-
» lement prêtent leur ministère à ceux qui fréquentent
» ce saint lieu, mais qui se répandent dans le diocèse et
» dans les diocèses voisins pour y annoncer la parole de
» Dieu, y donner des retraites spirituelles, et y répan-
» dre, par leurs saintes instructions et leurs exemples
» édifiants, la bonne odeur de Jésus-Christ. » Le même
mandement disait un peu auparavant, « que cette pré-
» cieuse institution suffirait à elle seule pour honorer la
» mémoire de l'évêque défunt et la faire bénir dans la
» suite des temps » (1). Ce que toute la presse vient de
répéter à la suite de l'abbé Heurtebize, à propos de la
Notre-Dame-du-Chêne de la Sarthe, sera dit un jour à
propos de la Notre-Dame-du-Chêne de Bar-sur-Seine,
— je me maintiens toujours dans les limites du roman.

Bien ! nous dira-t-on ; le lieu de votre choix est rendu
convenable par vos explications ; mais quel mortel voudra
jamais l'habiter ? Ou le personnel de votre pensée ne se
trouvera pas, ou ce personnel sera dans des conditions
inférieures à sa tâche, ou le service des paroisses souf-
frira de son recrutement.

Je me copie moi-même pour répondre au premier
membre de la phrase. « Allez dans les séminaires et les
presbytères..... là sont des âmes en qui Dieu a mis une
vocation profonde pour le sacerdoce, mais auxquelles il
a refusé le goût pour la vie sédentaire de pasteur. L'idée

____

(1) Donné au Mans, le 29 novembre 1861. Signé Heurtebize,
vic. capit.; à l'occasion de la mort de Mgr Nanquette.

d'un presbytère les épouvante et les effraie ; ils rêvent, ces hommes, la vie de communauté jointe à la mission d'apôtres. En vain la chair et le sang viennent réclamer les douceurs du repos et la quiétude de la routine, leur âme, plus impérieuse que la nature, réclame les fatigués de l'étude et celles de la prédication exercée partout où il y a des préjugés à dissiper, des âmes endormies, dés cœurs malades. Ne leur parlez ni d'argent, ni de salaire gouvernemental ; ce n'est pas de l'argent qu'ils veulent, ce sont des âmes. Ne leur dites rien des fatigues de l'apostolat, ils ne les craignent pas ; ils sont à l'avance dévoués à la cause de la foi corps et âme ; et qu'ils mettent cinquante ans ou dix ans à immoler à cette sainte cause et leur corps et leur âme, peu leur importe, pourvu que ce soit le gain de Jésus-Christ » (1). Donc, les presbytères, par les éléments qu'ils contiennent, peuvent fournir un personnel à la théorie de mon roman.

Mais ce personnel serait inférieur à sa tâche ! Pas un prêtre, aujourd'hui, n'est inférieur à sa tâche. Tous ont été choisis dans l'élite des catéchismes ; tous ont fait des études solides et pieuses ; tous connaissent leur siècle et ses points de répulsion ou d'affinité avec la religion ; tous, ne fussent-ils pas arrivés à la plénitude de l'apôtre parfait, tous y aspirent dans l'élaboration de soi-même, dans la méditation du prie-Dieu, dans la publicité de l'office, dans la silencieuse étude du cabinet. Et puis, est-il à dire qu'en dehors du clergé provenu des séminaires,

<hr>

(1) *Lettre champenoise, ou Considérations sur l'état de la Religion dans nos pays*, par Lascasas, en 1844, pages 36-37.

il ne se rencontre pas une jeunesse disposée à s'enrôler sous la bannière du travail de l'apostolat? Vous voulez que le séminaire ait donné un esprit particulier, que l'habitude du presbytère ait donné des répugnances pour la vie trop mouvementée. On peut avoir raison en partie, oui, en entier, non. Cela fût-il, je l'ai dit, dans les encombrements des carrières libérales, nous avons des âmes réservées par Dieu, qui viendront à nous ouvertes à tout parfum de la vie religieuse.

Je n'ai peut-être pas bien senti encore la pointe de la sonde hasardée dans les bas-fonds de nos susceptibilités. On voudrait que dans l'office de convertisseurs, nous n'eussions que des anges. On en peut avoir; mais il faut aussi des hommes, comme dans le mystère de l'incarnation. Non-seulement il faut des hommes, mais il faut des pécheurs expérimentés, témoins saint Pierre et saint Paul. Plus un homme a porté d'offenses à Dieu, plus il est prêt à lui faire de réparations; plus un homme a pactisé avec les erreurs et les vices de son siècle, plus il a d'adresse à préserver les autres de leur funeste magnétisme. Quant à moi, je tiens autant pour ange l'abbé de Rancey repentant, que Louis de Gonzague intact de toute faute mortelle. Paul, Jérôme et Augustin me paraissent autant, dans les destinées de l'Eglise, que Jean l'évangéliste et ses adorables imitateurs.

La phrase hostile n'est pas épuisée : en prenant aux presbytères leurs anges, ne priverions-nous pas les paroisses?

Non ! car nous leur rendrions au centuple.

Et la popularité ! seriez-vous acceptés des peu-
ples ?

Si nous faisions effort pour le mériter, oui ; à force de
mérites, nous finirions par être chéris. Et puis, quand
même ?

Mais la loi contre les corps monastiques !

Nous connaissons l'aspiration de notre temps à la
liberté et à l'association ; cela, joint à l'équité de la
magistrature contemporaine, nous suffit largement.
Rendez à Dieu ce qui est à Dieu, à César ce qui est à
César, et nous sommes quittes de tout compte périlleux :
demandez plutôt aux Berryer, Cormenin, Vatiménil,
pour ne pas citer tous les meilleurs jurisconsultes.

Mais non, tout ce qui vient de nous être objecté par la
contradiction, n'est pas le véritable défi porté par la présomption du siècle à l'humilité des moines. Dites : ces
hommes seront inutiles et n'auront pas de prise sur les
esprits. A la bonne heure, et alors on se comprend.
Dites : la science les attend pour les confondre ; la religion de l'avenir répudie à l'avance l'exercice de leur ministère. Voilà un *veto* digne de mon temps, qui ne man-
que ni de portée, ni d'ampleur. Les moines seront
inutiles ! Le siècle futur aura donc tout ce qu'il lui faut ?
J'en doute : s'il n'a plus les homme-types du sacrifice, il
lui manquera beaucoup. Mais la science attend vos apôtres dans les mailles de son argumentation, et elle étouf-
fera leur parole. Jadis, on en disait autant, et Dieu, dans
ses Ecritures, répondait : Moi, je réprouverai la science
des savants ; et cela se trouvait vrai. Mais sur quel point
la science aurait-elle donc facile justice des pauvres pré-

dicateurs de la vérité? Sur quel point? Il me semble que jusqu'ici ce ne sont pas les prédicateurs de la vérité qui ont été obligés de faire amende honorable à la science, mais que c'est bien celle-ci qui fait son *meâ culpâ* devant nos livres saints. La science, fût-elle l'Aréopage d'Athènes, le Sénat de Rome, elle ne prévaudra pas sur la puissante folie de la croix. La croix, avec sa rudesse, aura toujours en elle de ces vertus secrètes qui feront peur aux prudents et donneront aux calculs des sages de ces démentis solennels qui retournent les lois de la logique. On nous parle après au nom de la religion de l'avenir. J'y consens. Qu'est-ce que cela? De quoi est-ce composé? Dieu et Jésus-Christ entrent-ils pour une part quelconque dans cet amalgame qu'on baptise du nom de religion de l'avenir? Si Dieu et Jésus-Christ ne sont pour rien dans ce système prophétisé, on parle d'une bulle de savon et non d'un bronze consistant, et alors il n'y a plus lieu aux craintes que l'on souffle. Si Dieu et Jésus-Christ entrent comme éléments dans la religion de l'avenir, Dieu et Jésus-Christ appelleront les moines comme leurs plus fidèles et plus fervents serviteurs. Donc, ni science, ni religion de l'avenir, ne peuvent tollir aux moines la place magnifique que Dieu leur réserve au soleil du firmament et de l'histoire future. Toujours le monde sera en proie à la souffrance, et toujours il appellera des consolateurs. Toujours le monde aura conscience de sa dignité morale, et toujours, pour en protéger l'édifice sacré, il appellera des éducateurs, des prédicateurs voués à la parole et à la pénitence. Ils ne savent donc pas, ceux qui laissent sortir de leurs lèvres une mauvaise parole à l'encontre du moine, ils ne savent donc pas qu'il y a dans la placidité de son front, dans la piété de son regard, dans le sourire de ses lèvres, dans l'onction de sa parole, dans la désolation de son accoutrement, ils ne savent donc pas qu'il y a une attraction dont on ne se défera pas, et que, le chrétien le repoussât-il, le moine, l'artiste le rappellerait dans un coin de sa mansarde.

J'ai la présomption de croire brisées à peu près toutes les mailles de l'argumentation qui luttait contre mon roman monastique. Quoi maintenant peut l'empêcher de s'élever à la dignité de l'histoire courante? Quoi que ce soit qui en empêche, je dis, moi : on ne saurait trop se hâter de bâtir entre la Bourgogne et la Champagne, un monastère apostolique ouvert aux mille vocations que la grâce de Dieu fait fermenter. La foi, minée dans ses bases par les circonstances que vous savez, allanguie dans ses pratiques par des miasmes qu'on devine et qu'on ne dit pas ; l'Eglise, balancée entre la protection et la liberté ; les encouragements donnés par la presse à la niaiserie, demandent à la main du sacerdoce un spécifique nouveau. Je l'ai indiqué depuis longtemps : là seulement, dans le monastère apostolique, est le secret de la régénération du monde. J'ajoute, et toute oreille catholique me comprend, là seulement est le préservatif contre un schisme qui frappe à nos portes.

Bâtissez, bâtissez, dirai-je avec l'accent d'une prévision qui ne m'est peut-être pas permise, bâtissez des cellules à l'entour de Notre-Dame-du-Chêne, sa bienveillance arrosera la colline, sa protection sera l'immense manteau qui mettra la foi, l'âme, le corps et les héritages, la plaine et les coteaux sous la bénigne influence du Dieu qui veille là-haut. Qui sait, mon bien cher, le premier pèlerin qui heurtera la porte du monastère sera peut-être un mendiant qui n'aura dans sa besace rien moins que les clefs de saint Pierre ou la croix de bois d'un évêque.